Inhalt

Pensionsverpflichtungen - Neue Wege bei der bilanziellen Ausgliederung

Kernthesen

Beitrag

Fallbeispiele

Weiterführende Literatur

Impressum

GENIOS WirtschaftsWissen Nr. 01/2006 vom 02.01.2006

Pensionsverpflichtungen - Neue Wege bei der bilanziellen Ausgliederung

A.Kaindl

Kernthesen

- Die Auslagerung von Pensionsverpflichtungen aus der Bilanz bringt für ein Unternehmen viele Vorteile.
- Für die Auslagerung stehen dem Unternehmen verschiedene Varianten zur Verfügung.
- Der Henkel-Konzern wagt als erstes Dax-Unternehmen bei der Ausgliederung seiner Pensionsverpflichtungen die Fremdfinanzierung über eine Hybridanleihe.

Beitrag

Zahlreiche Konzerne in Deutschland, wie bpsw. Siemens, BASF sowie Eon lagern ihre Pensionsverpflichtungen aus und polieren so ihre Bilanz auf. Sie folgen damit auch Empfehlungen von Ratingagenturen, die den Konzernen so bessere Bonitätsnoten geben können.

Varianten der bilanziellen Ausgliederung von Pensionsverpflichtungen

Möchte ein Unternehmen seine Pensionsverpflichtungen aus dem Konzernvermögen auslagern, hat es die Wahl zwischen verschiedenen Varianten: Schaffung eines zweckgebundenen Treuhandfonds (Contractual Trust Arrangement (CTA)), Einrichtung eines Pensionsfonds, Zuhilfenahme einer Unterstützungskasse oder Verkauf der Pensionsverpflichtungen an ein Versicherungsunternehmen. (1)

Die Auswirkungen auf die Bilanz des Unternehmens sind immer gleich: Da künftige Verpflichtungen und das dafür notwendige Betriebsvermögen nicht mehr ausgewiesen werden müssen, verkleinert sich nach die Bilanzsumme. Dadurch verbessern sich viele für den Kapitalmarkt relevante Kennzahlen. (1)

Treuhandvermögen: Bei einem CTA überträgt das Unternehmen Vermögenswerte auf einen Treuhänder. Er wird vom Unternehmen ausgesucht, darf aber nicht weisungsgebunden sein. Zudem darf der Treuhänder die Mittel ausschließlich zur Erfüllung von Pensionsansprüchen verwenden. Das Unternehmen hat keinen Zugriff auf das Kapital. In seiner Investitionspolitik ist das CTA frei. (1), (12)

Pensionsfonds: Unternehmen können Vermögenswerte steuerfrei auf einen Fonds übertragen, der sich fortan um die Anlage des Kapitals kümmert. Pensionsfonds übernehmen auch die Zahlungsverpflichtung für die Betriebsrenten, die Arbeitnehmer haben keinen Anspruch mehr gegen den Arbeitgeber. (1)

Unterstützungskasse: Eine Unterstützungskasse bietet sich für Unternehmen an, die nach dem deutschen Handelsrecht bilanzieren. Das Betriebsvermögen, das zur Finanzierung künftiger Renten vorgesehen ist, wird auf die Kasse - meist ein Verein - übertragen. Für die Mitarbeiter verändert sich nichts. Aus steuerlichen Gründen verteilen Firmen den Übertrag meist auf mehrere Jahre.

Unterstützungskassen schließen regelmäßig eine Rückversicherung ab, um Zahlungsrisiken zu senken. Bei Insolvenz tritt der Pensionssicherungsverein (PSV) ein. (1)

Übertragung auf ein Versicherungsunternehmen: Pensionszusagen können ganz oder teilweise an Lebensversicherer übertragen werden. Diese übernehmen gegen einmalige Bezahlung mit Risikoaufschlag alle künftigen Zahlungsverpflichtungen. Großtransfers, mit denen Unternehmen ihre Pensionslasten und die Abwicklung auf einen Schlag loswerden, sind aber sehr aufwändig - und werden daher meist nur bei Umstrukturierungen oder Unternehmensverkäufen vollzogen. (1), (12)

Vorteile einer Ausgliederung der Pensionsverpflichtungen

Die Auslagerung von Pensionsverpflichtungen aus der Bilanz führt zu einer besseren internationalen Vergleichbarkeit der Finanzberichterstattung. Aus der Bilanz werden Risiken herausgenommen. Anders als bei der Bildung einer Rückstellung, werden den Pensionsansprüchen reale Vermögenswerte gegenübergestellt. Ratingagenturen bewerten es positiv, wenn ein Unternehmen seine Pensionsverpflichtungen auslagert. Je besser die Bewertung durch eine Ratingagentur ist, desto günstiger sind die Refinanzierungskosten am Kapitalmarkt. (3), (5), (8)

CTA: Neuer Weg der Finanzierung der Pensionen

Der Henkel-Konzern wagt als erstes Dax-Unternehmen bei der Ausgliederung eines großen Teils der ausstehenden Pensionsverpflichtungen die Fremdfinanzierung über eine Hybridanleihe. Der nachrangige Bond über EUR 1,3 Milliarden ist emittiert und das CTA mit dem Namen Henkel Trust e.V. gegründet. Die Ausgliederung der Pensionen wird durch den Erlös aus der Hybridanleihe refinanziert. Aus Fremdkapitalgebersicht hat diese Konstruktion den Vorteil, dass sich das Finanzprofil wegen des Eigenkapitalcharakters des Hybridkapitals verbessert. Mittel- bis langfristig soll der Posten Pensionsrückstellungen komplett aus der Bilanz verschwinden. Das Modell stößt auf starkes Interesse in der deutschen Unternehmenslandschaft. Eine Fremdfinanzierung war bislang kaum darstellbar. Die Fonds für die Betriebsrenten - etwa die Hälfte der Dax-Unternehmen hat die Ausgliederung von

Pensionszusagen schon vollzogen - wurden bisher mit Immobilien, Aktien oder liquiden Mitteln des Unternehmens unterlegt. (2), (3)

Die Nachrangigkeit, die lange Laufzeit und der eigenkapitalähnliche Charakter der Hybridanleihe haben die Henkel-Einstufung bei den internationalen Ratingagenturen nicht gefährdet. Schon klopfen Unternehmen, die bisher mit dem Outsourcing der Pensionsrückstellungen zögerten, bei Henkel an, um sich über die komplexe Struktur der Transaktion zu informieren. Denn mit der Möglichkeit, ein CTA ohne Rating-Problematik fremdzufinanzieren, wird das Thema für einen noch größeren Kreis von Gesellschaften interessant. (3)

BaFin erleichtert Ausgliederung von Pensionslasten über ein CTA

Die Bundesanstalt für Finanzdienstleistungsaufsicht (BaFin) hat den Unternehmen die Ausgliederung von Pensionsverpflichtungen erleichtert. In einem Merkblatt zu den zweckgebundenen Treuhandfonds legt die Behörde fest, dass ein Treuhänder im Rahmen eines CTA grundsätzlich aufsichtspflichtige Bankgeschäfte betreibt. Die Aufsichtspflicht entfällt aber auf Grund des Konzernprivilegs, wenn ein CTA nur Unternehmen eines Konzerns einbezieht. In dem BaFin-Merkblatt heißt es weiter, dass für Institute, die für Dritte im Rahmen eines CTA als Treuhänder tätig, eine Freistellung von der Aufsichtspflicht verlangen können. Freistellungsfähig ist ein Treuhänder dann, wenn die eigentliche Vermögensverwaltung von einem beaufsichtigten Finanzdienstleistungsinstitut oder einer Bank übernommen wird. Außerdem müssen die zulässigen Anlagen auf Fondsanteile beschränkt sein. Unternehmen, die bisher auf Grund ihrer Größe kein eigenes oder konzerneigenes CTA wollten, könnte diese neue Regelung veranlassen, sich nun doch für ein CTA zu entscheiden. (4)

Wechsel des Systems

Ein ganz anderer Weg ist die Möglichkeit, dass ein Unternehmen statt fester Rentenzusagen nur noch feste Zuschüsse zu einer Pensionskasse oder Lebensversicherung gewährt. Die Höhe der Rente ergibt sich erst mit Eintritt ins Rentenalter. Risiken wie Langlebigkeit oder vorzeitige Invalidität verlagern sich vollständig auf die Mitarbeiter und die Pensionskasse, mit der Folge, dass der Posten für das Unternehmen besser kalkulierbar ist. (12)

Fallbeispiele

Der Konsumgüterkonzern Henkel erleichtert seine Bilanz um milliardenschwere Pensionsverpflichtungen indem er diese an einen zweckgebundenen Treuhandfonds abgibt. Zur Finanzierung wurde eine Hybrid-Anleihe begeben. Die Transaktion soll die Finanzkraft des Konzerns stärken, denn der Konzern kann die Anleihe zum Teil auf das Eigenkapital anrechnen. Zudem wird ein besseres Management vorhandener Refinanzierungsrisiken der Pensionsverbindlichkeiten erreicht. Zum 31. Dezember 2004 summierten sich die Rückstellungen für Pensionen in Deutschland in der Henkel-Bilanz auf EUR 1,484 Milliarden. Ende 2005 soll der Treuhandfonds rund EUR 1,4 bis 1,5 Milliarden schwer sein. (3), (6), (10)

Die Dresdner Bank lagert Anfang 2006 ihre Pensionsverpflichtungen in einen CTA aus. Die Bilanzsumme verkürzt sich dadurch um EUR 1,8 Milliarden. Zur Deckung der Pensionsverpflichtungen werde der CTA mit Vermögenswerten ausgestattet, die vom Betriebsvermögen der Dresdner Bank abgespalten wurden. Die Transaktion der Dresdner

Bank wird im ersten Quartal 2006 bilanzwirksam. Neben der Bilanzverkürzung um EUR 1,8 Milliarden ist ein weiterer beabsichtigter Effekt die Verbesserung der Transparenz durch Offenlegung der bislang im Vermögen versteckten Pensionsverpflichtungen. (9)

Der Trend zur bilanziellen Ausgliederung von Pensionslasten, den Ende der 90er Jahre Unternehmen wie Siemens und Daimler-Chrysler einleiteten, dürfte sich auch zukünftig fortsetzen. Von einer kompletten Umstellung ist die deutsche Wirtschaft indessen weit entfernt. Immerhin addierten sich die Betriebsrenten-Zusagen der Unternehmen nach Daten des Pensionssicherungsvereins Ende 2004 auf EUR 243 Milliarden. Nur etwa ein Drittel davon dürfte durch gesonderte Vermögen wie CTA oder Pensionskassen unterlegt sein. (11)

Weiterführende Literatur

(1) Auslagern für Anfänger
aus DIE ZEIT Nr. 52

(2) LBO-Gefahr bei der niederländischen TNT
aus Börsen-Zeitung, 24.11.2005, Nummer 227, Seite 17

(3) Henkel betritt mit Pensionsfinanzierung Neuland
Aufnahme von Fremdkapital mittels Hybridanleihe

ist eine Novität - Beauty Contest der Beraterbanken in der Endphase
aus Börsen-Zeitung, 13.12.2005, Nummer 240, Seite 2

(4) BaFin erleichtert Firmen die Ausgliederung von Pensionen Aufsicht setzt Regeln für zweckgebundene Treuhandfonds
aus Financial Times Deutschland vom 17.11.2005, Seite 20

(5) Henkel lagert Pensionslasten in Treuhandfonds
aus Hybridanleihe dient Finanzierung · Übernahme in China
aus Financial Times Deutschland vom 08.11.2005, Seite 6

(6) Henkel lagert Pensionen aus
aus Stuttgarter Zeitung, 08.11.2005, S. 12

(7) BASF gliedert Pensionsrückstellungen aus 3,7 Mrd. Euro für Treuhandmodell - Bilanzstruktur gestärkt - Kein Einfluss auf Aktienrückkauf
aus Börsen-Zeitung, 18.10.2005, Nummer 200, Seite 9

(8) Unternehmen müssen Pensionsverpflichtungen höher ansetzen Ungedeckte Zusagen von mehr als 100 Mrd. Euro im Dax - Niedriges Zinsniveau treibt diskontierten Barwert künftiger Zahlungen
aus Börsen-Zeitung, 08.12.2005, Nummer 237, Seite 14

(9) Dresdner Bank lagert Pensionsverpflichtungen aus Bilanzsumme sinkt um 1,8 Mrd. Euro - Ansprüche von

43 000 aktiven und früheren Mitarbeitern tangiert
aus Börsen-Zeitung, 22.12.2005, Nummer 247, Seite 5

(10) Fonds sichern bei Henkel die Pensionen
aus Handelsblatt Nr. 216 vom 08.11.05 Seite 17

(11) BASF nutzt hohe Finanzkraft, um Pensionslasten auszugliedern
aus Handelsblatt Nr. 201 vom 18.10.05 Seite 14

(12) Konzerne verringern ihre Pensionslasten
aus Handelsblatt Nr. 102 vom 31.05.05 Seite 15

Impressum

Pensionsverpflichtungen - Neue Wege bei der bilanziellen Ausgliederung

Bibliografische Information der deutschen Nationalbibliothek

Die Deutsche Nationalbibliothek verzeichnet diese Publikation in der deutschen Nationalbibliografie; detaillierte bibliografische Daten sind im Internet über http://dnb.d-nb.de abrufbar.

ISBN: 978-3-7379-1335-5

© 2015 GBI-Genios Deutsche Wirtschaftsdatenbank GmbH, Freischützstraße 96, 81927 München, www.genios.de

Alle Rechte vorbehalten. Dieses Werk ist einschließlich aller seiner Teile – z.B. Texte, Tabellen und Grafiken - urheberrechtlich geschützt. Jede Verwertung außerhalb der Grenzen des Urheberrechtsgesetzes bedarf der vorherigen Zustimmung des Verlags. Dies gilt insbesondere auch für auszugsweise Nachdrucke, fotomechanische

Vervielfältigungen (Fotokopie/Mikroskopie), Übersetzungen, Auswertungen durch Datenbanken oder ähnliche Einrichtungen und die Einspeicherung und Verarbeitung in elektronischen Systemen.